PÉTITION

A S. M. L'EMPEREUR,

RELATIVE

AUX CONSTITUTIONS DE L'EMPIRE,

OU PLUTÔT

SUR LES CHANGEMENS A Y APPORTER.

PARIS,

Chez DELAUNAY, Libraire, au Palais-Royal.

PÉTITION
A S. M. L'EMPEREUR,
RELATIVE
AUX CONSTITUTIONS DE L'EMPIRE,
OU PLUTÔT
SUR LES CHANGEMENS A Y APPORTER.

J'ÉCRIS sans cesse, je retourne mes idées; je désire les présenter sous le jour le plus favorable, le plus clair et le plus précis.

Mes concitoyens, ne soyez pas indifférens en ce moment actuel. Du parti que vous prendrez dépend le sort de la chose publique.

Puisque j'écris, mes concitoyens, je vous dois tout ce que je pense.

L'OBJET le plus important parmi les hommes nous occupe.

Nous délibérons sur la Constitution qui nous

doit régir ; qui doit déterminer nos rapports mutuels et organiser notre Gouvernement.

Tandis que la méditation la plus profonde, tandis que le plus grand calme nous serait nécessaire, le tocsin d'une guerre générale a sonné. Tous les peuples voisins, appelés par leurs Gouvernemens, apparaissent armés autour de nous ; ils veulent se précipiter sur notre Patrie.

Suspendons toute décision quelconque sur la Constitution ; n'y admettons rien de prématuré, de partiel, d'irréfléchi, d'incomplet. Il faut un plan entier longtemps médité.

Ainsi que l'Anglais en ses temps tumultueux, n'allez pas composer avec les abus. N'allez pas offrir des compensations aux différens partis, et produire un méchant amalgame d'ancien et de nouveau, chaque meneur y trouvant son compte.

Que notre travail réfléchi sorte entier sur des bases précises !

Nous voulons bâtir un nouvel édifice. Ne commençons pas par renverser notre ancienne maison ; habitons-y encore ; prenons un site plus favorable, plus heureux ; traçons notre plan sur des dimensions plus grandes ; creusons et jetons les plus solides fondemens, et que nul bloc n'y soit apposé, qu'il ne soit le plus parfaitement ajusté.

Ne l'habitons pas qu'elle ne soit achevée.

Que rien d'ancien ne serve qui ne soit le plus sévèrement jugé.

Mais en ce moment il ne faut s'occuper que du soin de courir aux armes. Notre objet est de nous défendre. Régularisons nos forces.

Annonçons aux Puissances étrangères que nous sommes résolus à disposer seuls de nous-mêmes ; que nous refusons toute intervention de leur part, que nous les remerçions de leurs soins.

Demandons-leur de cesser toute mesure hostile, de nous en donner l'assurance. Offrons-leur toute promesse d'égards, de bienveillance et d'amitié.

Ne craignons pas, ayant la volonté de combiner, d'asseoir, de déterminer notre Charte constitutive, de prendre vis-à-vis d'elles l'engagement aussitôt qu'elle sera arrêtée, obéie, de la leur communiquer, de la leur transmettre, pour être soumise à l'examen de tous les sages.

Puisse-t-elle (et c'est l'objet que nous voulons remplir,) nous garantissant au-dedans l'ordre, la justice, la sagesse et la force, nous concilier de tous nos voisins la confiance et l'amour.

Sans doute nous ne pourrons pas l'adopter qu'ils n'en aient connaissance; mais nous nous réservons de leur en faire hommage comme un garant de l'esprit qui nous anime; nous nous réservons de la leur notifier.

S'il se peut, qu'à cette déclaration franche ils déposent leurs armes. Qu'ils accueillent avec gratitude notre demande de cessation de guerre. Que toute animosité soit cessée.

Mais jusqu'à ce moment que la population toute entière s'arme pour se défendre. Plutôt la mort que la honte et l'esclavage! Plutôt la mort que d'être asservis!

N'est-il encore aucun moyen de détourner le fléau funeste de la guerre? Se peut-il que des humains, qui se disent civilisés, s'acharnent les uns contre les autres. Et plus ils sont braves, plus ils ont le droit de s'estimer, de s'aimer, plus l'un sur l'autre ils vont s'élancer, se détruire.

La société n'a pas moins pour but l'ordre, la paix extérieure qu'intérieure. Elle veut soumettre tous ses rapports aux lois sacrées de la raison, de la sagesse, de la morale. Elle veut ne consulter, ne suivre qu'elles; elles détermineront nos rapports mutuels par des lois, des conventions précises. L'individu près de son voisin jouira du développement de ses facultés paisibles; il saura que son bonheur le plus grand, le plus réel, est d'avoir son voisin pour ami.

Ces vérités d'homme à homme se généralisent et s'étendent de peuple à peuple. Ne soyons pas voisins pour nous entr'égorger, nous rivaliser, nous détruire, mais pour nous communiquer nos découvertes, nos lumières, et nous prêter sans cesse une mutuelle assistance.

Ne pouvons-nous arrêter cette lutte terrible ?

Je crois que nous le pouvons.

Non, Bonaparte n'est pas revenu pour faire le malheur de la France; régner sur elle par la duplicité, la force et la tyrannie. Son seul vœu est le bonheur public, et ses idées sont les plus libérales.

Toute puissance vient du peuple, s'écrie-t-il. Je viens pour consolider avec vous le règne des lois et de la liberté, proclamer votre souveraineté, votre indépendance. Vous-mêmes vous ferez vos lois; vous établirez votre Charte constitutive. Nul ne peut vous la dicter.

Croyons à ces discours magnanimes. Ces paroles une fois proférées, sont trop vraies pour pouvoir être démenties.

Dans son désir de hâter les instans d'accord et de paix au moins intérieure, il a proposé un Acte additionnel aux Constitutions de l'Empire. La même précipitation fit suivre le mode des registres en cent lieux ouverts, et il a appelé près de lui les Députés des départemens. Et pour empêcher l'effet des propositions précipitées, il a créé, sous le titre de Pairs, une deuxième chambre.

Qui ne voit en cela des désirs d'ordre, de bien-être public. Ici peut-être jusqu'à présent sa mission intérieure est remplie, et il court aux frontières s'opposer à une affreuse invasion.

Députés des départemens, forts de votre amour pour la Patrie, forts des voeux exprimés de Bonaparte, qu'avez-vous à faire?

Deux devoirs vous sont imposés.

Pourvoir au moment présent et préparer ceux qui vont suivre.

Par le moment présent j'entends la guerre, qu'il faut se mettre en état de poursuivre, cherchant à l'arrêter.

Et que les momens qui suivront nous donnent la plus heureuse Charte constitutive!

Pour la guerre,

Par une proclamation annoncez que vous mettez votre espoir dans l'armée; dites-lui que vous vous identifiez en elle, et que tandis que vous attendez tout de son bras, vous lui demandez de s'en reposer sur vous du soin de diminuer ses travaux.

Adressez-vous en même-temps à ces jeunes soldats, portion de notre garde nationale, qui, près de notre vieille milice et sous ses yeux, vont aussi défendre la Patrie.

Dites-leur que si c'est le danger qui les réunit dans les villes frontières, leur courage et leur persévérance est nécessaire pour épargner à la Patrie la honte d'être envahie et son asservissement éternel.

Dites à l'armée que ses soldes seront maintenues.

Ordonnez dans les villes la formation des gardes nationales sédentaires.

Jetez ensuite les yeux sur nous, sur l'état de guerre, et dites-vous ce qui la cause. Est-ce la liberté qui s'oppose à la servitude? Sont-ce des chaînes que l'on veut nous couvrir et que nous entendons rejeter loin de nous?

Détruisons tous prétextes.

Et disons bien : la Patrie n'est pas dans Bonaparte, mais Bonaparte est dans la Patrie, et il ne veut que la sauver.

Qui nous fait la guerre? C'est un seul peuple sous ces mille bannières. Il les solde, il les soudoye. Que dis-je un peuple, c'est le seul gouvernement anglais.

Ouvrons la lettre du comte Clancarty au vicomte

Castereagh, du 6 mai, incluse dans le Moniteur du 29.

» En vain (est-il dit) Bonaparte veut et propose » la paix sur le pied du *statu quo*. Sa lettre restera » sans réponse.

» On ne veut point intervenir dans *les droits* » *légitimes du peuple Français*. On ne veut point » s'opposer à son droit de choisir le gouvernement » qui lui convient, ni empiéter sous aucun rapport » sur son indépendance, comme peuple grand et » libre.

» Mais nulle confiance ne sera donnée à Bona- » parte, qui n'a point eu d'égard pour les con- » ventions les plus solemnelles. Désarmé, il serait » pris avantage de notre situation pour renouveller » des scènes d'agression et de carnage. La France » sous son Chef actuel ne peut nous donner de » sûreté. »

Tel est le précis de cette lettre fameuse entre les mains de tous, et la seule réponse à nos propositions de paix.

Que dit-elle ? En ses conjonctures quel parti devez-vous prendre !

Ah ! selon moi la France a droit d'avoir le Rhin pour limite. C'est son intérêt, c'est celui des peuples qui l'entourent. Limite fixe et qui, sur ses rives sans ouvrages d'art accumulés, offre tous moyens de garantie, d'accord, de paix et de bonheur.

Peuples, sur ses bords occidentaux et du midi, nous ne prétendons pas vous asservir ; partagez notre indépendance, devenez une des meilleures portions de nous-mêmes. Voici le principe que nous allons consacrer.

Ainsi, qu'à chaque individu, à chaque partie de l'Empire, sera laissée, sous un mode général, la part de liberté, qu'il importe à chacun de conserver, pour réunir au sein d'autorités centrales toutes les attributions, qu'il est de l'intérêt de tous de mettre en commun.

Formons un faisceau indissoluble, et sous l'égide d'une légale liberté acquérons tous les développemens de nos forces.

Mais quelle est donc la Charte constitutive, le Gouvernement, qui peut nous apporter tant de bonheur.

Ce Gouvernement sera simple.

Que toute population de 40 à 60,000 âmes forme un arrondissement.

Qu'un département soit composé de 10 à 15 arrondissemens.

Il y a par arrondissement une assemblée primaire portant le titre d'*Assemblée*, *section de la souveraineté.*

Elle députe un membre (et son suppléant) au Tribunat, tous les ans renouvellé par tiers.

Elle élit un membre au Conseil général du département.

Les membres du Conseil du département députent deux membres au Sénat, tous les ans renouvellé par sixième.

Le Sénat tous les ans nomme successivement un des ministres parmi les sénateurs qui annuellement sortent de son sein.

Il nomme aussi le Tribunal d'état chargé de connaître de tous les crimes des fonctionnaires publics compromettant la sûreté publique, ou coupables de malversation, ou d'abus de pouvoir.

Au nombre de 60 membres ils sont nommés tous les ans, et peuvent toujours être réélus.

Le Sénat tous les 4 ans nomme le président du Conseil : il porte le titre de consul.

Il ne peut être réélu qu'une fois.

Au Sénat et au Tribunat appartiennent ensemble la proposition et la confection des lois ; la déclaration de la guerre. Le Sénat, à défaut du consentement du Tribunat, seul détermine la paix.

Le consul préside le Conseil des ministres ; il en reçoit tout compte ; il les transmet aux deux Chambres. Toute loi lui est adressée ; il préside et veille à son exécution. Au cas où il juge la loi susceptible de modifications, de changemens, il en prévient les Chambres, tenues de délibérer sur ses propositions.

ÉTAT CIVIL.

De tout individu l'État attend son éclat, sa

force et sa gloire. Tout Français naît et meurt soldat.

Le Français est classé par âge.

La 1re classe comprend jusqu'à 7, 14 et 18 ans.

2e. . . . . . de 18 à 23.

3e. . . . . . de 23 à 35.

4e. . . . . . de 35 à 45.

5e. . . . . . de 45 à 60.

6e. . . . . . de 60 à 70.

7e. . . . . . depuis cet âge.

Première classe.

Première classe de 14 à 18 ans. Elle apprend ses devoirs et ses droits, les bases de la morale, les élémens du travail auquel il se destine, le maniement des armes et les principes d'évolutions militaires.

Deuxième classe.

De 18 à 23, toute condition morale remplie, le Français à 18 ans prête le serment d'inscription militaire; chaque semaine il remplit les devoirs de soldat ; en cas de guerre il est en deuxième ligne.

Troisième classe.

A 23 ans, toute condition morale remplie, il prête le serment de présentation aux droits de cité ; il est majeur ; il assiste une fois par mois aux revues, aux exercices militaires ; au cas de guerre il est en première ligne.

Quatrième classe.

Elle assiste tous les trois mois aux évolutions, aux revues ; au cas de guerre elle sert de corps de réserve.

Cinquième classe.

De 45 à 60 ans, tous les six mois elle assiste aux revues, aux évolutions ; au cas de guerre elle est en troisième ligne.

Sixième classe.

Elle ne fait plus aucun service d'honneur ; elle assiste aux fêtes ; en cas de guerre elle entoure les autorités centrales.

Septième classe.

A l'avance elle jouit du repos.

Il y a

Il y a un instituteur par commune.

Il offre aux jours prescrits les voeux du peuple à l'éternel.

Chaque jour il recommande une vertu particulière et publique. Il rédige les annales de la Commune. Il tient les contrôles de la Garde. Il veille sur l'instruction commune.

En l'absence du Censeur, il recueille les suffrages du peuple, sur les restes de l'homme inanimé.

Une bande de cuivre sous le titre de mémorial, remis à la mère, constate la naissance, l'heure, le jour, l'année et le sexe de l'enfant. Il reçoit l'empreinte de ses sermens à la Patrie.

Le territoire de chaque Commune est divisé en sections les plus multipliées.

La proportion, le rapport de chaque division où tout dont il fait partie est déterminé.

Il est au moins trois gardes-champêtres par Commune. Un est sans rétribution et nommé par le peuple.

Le censeur par arrondissement, surveille les

instituteurs et préside l'instruction publique. A époques déterminées les enfans lui sont amenés.

Aux revues de la Garde nationale il en dresse les contrôles.

Aux assemblées d'arrondissement il est présent aux sermens. Il est requis d'y consentir. Il rédige les annales de l'arrondissement, il a soin de la bibliothèque.

Il offre à l'éternel, aux époques prescrites, les hommages, les vœux et la reconnaissance du peuple.

Il y a par arrondissement un nombre déterminé de sages-femmes et de chirurgiens reçus au concours. Leurs élèves successivement changent de maîtres, sous la direction des officiers de santé des hospices.

Il y a par arrondissement des hospices pour les malades, les femmes enceintes et les enfans abandonnés.

Il y a par arrondissement un grenier d'abondance. Les grains, laissés sous garantie au cultivateur, ne sont apportés qu'au moment du besoin.

Il y a un lieu d'arrêt et un lieu de sûreté par arrondissement ; ils sont aérés, spacieux. Le travail y est prescrit. Le prix de tous objets y est affiché ; il y a un jardin.

L'infortuné qui cultive la terre est distrait, il est moins malheureux.

Il y a par arrondissement sur une population de 40 à 60,000 âmes une assemblée, section de la souveraineté.

Y est seul admis le Français majeur ayant satisfait à ses devoirs, offrant en lui-même une garantie reconnue suffisante de tous les droits que la société doit maintenir ; à toute condition morale joignant la possession d'une propriété soit foncière, industrielle ou commerciale d'un revenu déterminé ; porté dans les campagnes à deux fois 365 journées de travail, total 730 francs ; dans les villes à trois fois le taux, total 1095 francs.

Au cas où le Français majeur ne remplit pas les conditions ci-dessus prescrites, ses droits de cité sont suspendus.

Est déclaré Français, l'individu né Français ou

d'un Français ou d'une Française, satisfaisant à toute loi, prêtant tous sermens aux époques prescrites, et tous étrangers naturalisés, ou celui qui bienfaiteur de l'humanité en agrée le titre.

Le droit de cité entraîne le devoir et le droit de donner sa voix pour l'élection de tout magistrat et de tout député ; d'émettre son vœu sur toute loi portée ; de déclarer si la Constitution lui convient encore, s'il la juge obéie ; si elle est susceptible de changement de réforme en totalité ou en partie.

Tous les 20 ans (s'il n'y est plutôt appelé) il participe à la formation du Corps constitutif.

Il y a par département un censeur général ; il reçoit les états des censeurs d'arrondissemens ; il rédige les annales du département ; il préside l'instruction publique, a le soin de la bibliothèque. Il passe en revue, aux fêtes, les détachemens des gardes nationales. Aux fêtes il offre à l'Eternel les hommages du peuple ; il leur recommande la pratique de toute vertu publique et privée ; il appele l'homme aux doux sentimens de la nature.

Il est tous les 4 ans une fête départementale ; elle précède d'une année la fête au chef-lieu de l'Empire.

Il est en chaque arrondissement une colonne où sont inscrits les noms des citoyens généreux honorant la Patrie.

Il en est une principale par département.

Il est pour trois départemens un hospice général pour les mendians ; le travail leur est prescrit ; toute matière première et métiers leur sont fournis.

Il est un hospice pour les estropiés et les infirmes. L'état ne souffre aucun vagabond offrant aux regards publics le spectacle de membres mutilés et dégénérés.

De la distribution de la force publique.

Autre est la police, autre est l'armée.

Au cas de guerre l'état joint à l'armée ses moyens de police. La police est tutélaire, positive ; par des moyens connus de tous elle garantit l'inviolabilité des personnes, des propriétés particulières et publiques.

Elle s'étend sur la garde des frontières terrestres et maritimes.

A dater de six années, la France en temps de paix n'entretient nul corps d'une armée soldée.

La force publique s'organise par communes, cantons, arrondissemens et départemens.

Le service de la cavalerie et de l'artillerie se fait par inscription volontaire; l'on y est admis par examens publics; les études exigées sont, déterminées.

Il en est de même de la marine; elle est soldée. L'état exige de ses marins un premier service continu de cinq années. Ce terme expiré, à moins de destinations éloignées, il ne veut plus en temps de paix qu'un service de cinq mois sur vingt-cinq. Dans l'intervalle il exige qu'il habite les mers; il leur prête même ses vaisseaux sous toute garantie.

Sur terre il est des places fortes de peu d'étendue; la garde en est confiée aux dépôts des corps de police disséminés sur le territoire. Tout passage de rivières, de montagnes, les défilés, les ravins sont défendus, minés. Sont toujours remplis les magasins de munitions, d'armes, de machines offensives et défensives. Chaque arrondissement a une pièce d'artillerie. Le peuple est toujours prêt à se défendre.

Au chef-lieu de l'Empire l'institut est conservé.

Une garde départementale, formée par inscription volontaire, renouvellée par tiers chaque mois, entoure les autorités centrales.

Il y est dix censeurs; le soin de la bibliothèque leur est confié.

Il est tous les 4 ans une fête générale au chef-lieu de l'Empire; tous les produits de l'industrie, de l'intelligence y sont apportés. Les fêtes cimentent l'union des hommes; c'est le moment de la fédération, des exercices, des revues, des jeux.

Les censeurs, ministres politiques et religieux transmettent à l'Éternel les sermens, les vœux et la reconnaissance du Français.

Il y est un lycée, lieu de la fête; il y est une colonne par département.

Il est une pyramide centrale; y est posé le nom du Français bienfaiteur de son pays.

Du retour du peuple sur lui-même.

Du Corps constitutif.

A l'appel du tiers des assemblées, sections de la souveraineté, et de droit tous les 20 ans,

Le Corps constitutif est réuni.

A l'avance tout publiciste a transmis à neuf exemplaires, à l'autorité publique, le produit de ses travaux; il en a reçu récépissé.

L'objet du Corps constitutif est de revoir la Charte dans toutes ses parties; de prononcer si elle est obéie, si elle convient encore en totalité ou en partie; si elle est le complément de nos lumières sur l'organisation sociale; si elle a l'assentiment public; il détermine les changemens à y apporter; il refait la Charte constitutive.

La Charte se divise en deux parties.

La première est l'énoncé des principes de toutes lois politiques, civiles, de police, de justice distributive et repressive, et des lois d'administration (résumé des lois précédentes.)

Ces principes inhérens à nous sont la base de notre conduite intérieure et extérieure.

La deuxième est la création des institutions, toujours subordonnées à la volonté générale, et dont les attributions sont distinctes et déterminées.

La deuxième est la création du gouvernement, d'autant plus parfait qu'il est la plus juste application des principes.

Composition du Corps constitutif.

Chaque assemblée primaire, section de la souveraineté, émet son voeu sur la Charte, et députe deux membres au chef-lieu du département.

Ces députés réunis nomment, sous le titre de préposés au Corps constitutif, un membre et un suppléant.

Ces préposés réunis au chef-lieu de l'Empire, par bureaux, reçoivent tous les renseignemens qu'ils demandent; ils font dans le délai de 3 mois le dépouillement des votes des assemblées primaires, des écrits des publicistes : ils en font le rapport en séances publiques, et chaque préposé, à son gré, est successivement entendu.

Ces opérations terminées les préposés nomment parmi eux une commission de neuf membres en neuf tours de scrutins individuels.

Au cas où ces scrutins n'ont pas donné la majorité absolue, il est pourvu au choix de ceux qui restent à élire par la voix du sort.

Les membres ne faisant pas partie de la commission des neuf se retirent.

La commission se partage en trois bureaux sans communication entr'eux.

Les votes des assemblées primaires, les écrits des publicistes, les rapports des préposés et leurs discours leur sont à chacun transmis.

Dans le délai de 2 mois chaque bureau émet son projet de Charte constitutive; il en peut être émis neuf; ils sont sans délai transmis aux assemblées primaires de droit réunies.

Un mois est donné à chaque assemblée primaire pour transmettre son voeu.

Il est porté par un envoyé au chef-lieu de l'Empire.

Les envoyés réunis en font le dépouillement.

Au cas où un projet obtient la majorité des suffrages, sur la proclamation qui en est faite, il est à l'instant obéi. Sans opposition, sans secousse; l'ordre nouveau succède à l'ordre ancien.

Les envoyés réunis personnellement en répondent.

Si nul projet n'est adopté un nouveau Corps constitutif est convoqué.

Le Corps constitutif est enveloppé d'une garde départementale personnelle.

Il fixe, où il veut, le lieu de son travail.

Nul corps d'armée n'en peut approcher de 30 lieues.

Tous les renseignemens qu'il demande lui sont fournis.

De 4 ans, les membres du Corps constitutif, ensemble les envoyés des assemblées primaires, ne peuvent faire partie d'une autorité centrale; ils ne peuvent faire partie d'aucun corps de justice.

Ils rentrent dans la classe de simples citoyens.

Tel est, ô ma Patrie, le plan, l'idée de la Charte constitutive que j'estime devoir vous convenir, qui le plus consacrera vos droits vrais d'indépendance, de liberté, de souveraineté publique; qui doit vous rendre vis-à-vis de nos voisins l'objet de leur confiance et de leur amour.

Ces droits d'indépendance, de souveraineté me paraissent incompatibles avec un trône héréditaire, même à vie; avec une Chambre de pairs, quand vous avez déclaré les hommes égaux devant la loi.

Maîtrisant l'instant présent, vous êtes sans pouvoirs sur la génération qui vous suit.

Réfléchissez, mes concitoyens, sur ces données que j'essaye de vous offrir.

Sans effort peuvent-elles cimenter notre bonheu ? Je le crois.

Les arrondissemens, les départemens dans leur intérieur, sous un mode général, jouissent de toute la portion de liberté, qu'il importe à chacun de conserver.

Le Tribunat est directement nommé par les assemblées, sections de la souveraineté.

Le Sénat par les membres des administrations et conseils des départemens.

Le Conseil exécutif des ministres est, chaque année par le Sénat, renouvellé d'un membre parmi ceux qui sortent de son sein.

Le président consul est, tous les 4 ans, nommé par le Sénat.

A la volonté du peuple, et tous les 20 ans, le Corps constitutif est appelé.

La force publique se compose du peuple tout entier; la police est positive; toute guerre offensive est impossible; l'instruction est générale.

Le droit de souveraineté est déclaré inhérent à l'habitant propriétaire; toute amélioration est possible.

La liberté de la presse, la liberté de conscience, celle des cultes est établie.

Il est un culte public qui les réunit tous.

Il est tous les 4 ans une fête générale.

Il est des colonnes... une pyramide.

(*)

Je terminerai ma pétition par une idée. J'y suis amené par la lettre du ministre anglais que j'ai précédemment citée, et par le rappel des paroles mémorables de Bonaparte.

C'est à vous Bonaparte à qui je la soumets.

Les étrangers reconnaissans disent-ils nos droits d'indépendance, donnent pour motif de leur opposition qu'ils refusent de traiter avec vous.

Reproduisez votre première conduite.

A Fontainebleau trahi, pensant ne pouvoir plus produire que des déchiremens sans succès, vous abdiquâtes; à vous-même préférant la Patrie.

(*) *Voyez la note à la fin de l'ouvrage.*

Maintenant, certes, nous avons des ressources; mais prévenez les chances les malheurs de la guerre.

Détruisez les prétextes qu'ils avancent.

Ils disent ne pas en vouloir à la France, mais à vous seul comme chef.

Remettez le gouvernail de l'état et le commandement de l'armée.

Entre tous nos soldats prenez un soldat; je dirais le général Lecourbe : il commande sous vous; servez sous lui; vous n'en serez pas moins utile à la Patrie.

Et si les étrangers sont conséquens ils doivent baisser leur armes.

C'est à vous Bonaparte à prononcer.

H. Franclieu.

17 juin 1815.

P. S. Au moment où je livre ces feuilles à l'impression, je lis dans les journaux (l'Aristarque français 16 juin) séance du 15, de la part d'un membre de la Chambre des députés, M. Mulville, une proposition de loi relative à la liberté de la presse, tendante à réprimer ses abus.

Eh quoi, ainsi Louis XVIII l'avait octroyée cette liberté, et bientôt elle devint illusoire !

S'il est vrai que tout fait immoral, présumé répandre le mensonge, la calomnie, provoquer le désordre, soit justiciable devant les tribunaux, il n'est pas besoin de nouvelles lois de repression ; tous les délits de la presse se trouvent compris.

Redoute-t-on l'émission d'opinions fausses, soldées même par la méchanceté (elles sont communes, et trop souvent dominantes elles ne sont pas dénoncées) ?

Qu'une commission, notoirement formée, établie, soit chargée d'en faire un rapport public qui les doive démasquer, et que ce rapport soit transmis à l'auteur.

(Je me répète) les débats en restent ouverts au tribunal suprême de l'opinion publique.

M. Mulville

M. Mulville dit :

Art. 2.

Sont réputés séditieux tous écrits tendans à avilir la personne du souverain ou le gouvernement établi.

Quel vague dans les expressions ! quelle latitude !

Mais d'abord, qu'entend M. Mulville par le terme de souverain.

Le souverain est celui en qui repose tous les droits de souveraineté. Ces droits résident dans *l'ensemble de la nation.* Je les trouve résider pour l'intérêt public et par l'essence de notre organisation, pour arriver au but voulu, *dans l'ensemble de ceux offrant en eux-mêmes à la société une garantie, reconnue suffisante, de tous les droits qu'elle doit maintenir.*

Leurs votes réunis constituent la volonté générale seule souveraine.

Alors comment définir cette personne du souverain? Elle se compose de bien des têtes ; et pour réunir individuellement toute condition légale, il ne sensuit pas que l'on voit toujours juste.

Il ne sera donc pas permis alors de combattre cette portion du souverain. (1)

Quant au gouvernement établi, il n'est jamais que mandataire, toujours révocable ; et chacun de ses membres a le droit, s'il ne le juge pas le plus heureux, de le déclarer et de dire ce qu'il condamne.

---

(1) Ainsi, le terme de souverain est pris dans une acception fausse dans la lettre imprimée dans les journaux, datée du 16 avril 1815, adressée à M. de Metternick, signée Caulincourt, duc de Vicence.

Il y est dit :

L'accord parfait de la France avec son souverain, l'acceptation très-prochaine d'une Constitution libérale.....

Je me tais sur l'inconvenance de cette acceptation à l'avance établie.

Je dirai seulement :

Quel peut être le souverain de la France ? Le Français pris en général spécifie la masse, et c'est elle seule qui est souveraine ; non l'autorité qui agit sur elle, qui n'est jamais que l'agent révocable à la volonté du souverain.

Quelle est donc cette Constitution libérale, si tels en sont les erremens.

La souveraineté est inaliénable. Alors, quoiqu'on fasse, elle est donc toujours inaliénée.

Si ce que j'avance est vrai, que devient le projet de M. Mulville?

Il s'appliquerait à faux.

Ces observations sur la presse sont (je pense) d'une vérité positive, et cependant le rapport de M. le ministre de la police générale annonce en ce moment d'une guerre générale, des effets funestes d'écrits versés par l'étranger.

L'état de guerre n'est pas l'ordinaire situation des empires (ce sont des instans de fièvres).

Par la Charte constitutive que nous établirons, forts de toute notre force, puisse cet état devenir nécessairement le plus rare, et nos différens toujours se devoir concilier !

Mais le soufle des dissentions, de la discorde est élancé sur nous, et tous les moyens sont employés pour chercher à nous perdre. De toutes parts exagérations, oppositions, fureurs, et le motif en est simple : on veut nous détruire et l'on ne veut pas qu'un ordre sage s'élève au milieu de nous. C'est déjà trop qu'il règne en Amérique ; ici ce serait le signal de la chûte par eux-mêmes chez nos voisins de tous les échafaudages faux.

Qu'il soit statué. Qu'en ces momens de guerre l'exercice du droit de la presse peut être suspendu, sauf en ces instans (je dirais provisoires jusqu'à la facture d'une Constitution nouvelle) les deux Chambres actuelles avoir à prononcer chacune d'elles séparément et mois par mois, que cette suspension est maintenue, pour être levée aussitôt que l'une d'elles en offrirait la décision :

Cette suspension serait levée de droit aussitôt qu'une seule question constitutive serait agitée.

Alors qui n'a pas le droit (et qui ne le conserve pas toujours en temps de paix) d'émettre publiquement son avis sur une Charte et sur un Gouvernement qui, par essence, appartiennent et restent toujours subordonnés à la volonté souveraine.

Le même journal annonce qu'une commission est demandée au sein de la Chambre des députés pour, de concert avec la Chambre des pairs et des membres par le gouvernement, je veux dire par Bonaparte, examiner, trier, dégager et réunir les Constitutions de l'Empire.

A tort en une opinion émise, relative au serment prêté le 7 juin par la Chambre des députés, j'ai avancé : *que par le serment prêté la Chambre ne s'était pas interdit de péser, revoir, débattre, dans toutes les parties les Constitutions de l'Empire, pour y mettre & prendre ailleurs au besoin ce qu'elle estimerait nécessaire à la félicité publique.*

Une autre considération, qui leur est personnelle, selon moi interdit aux Chambres cet examen.

Sous une autre forme cette Constitution si désirée, si attendue, si nécessaire, mais qui ne veut point être précipitée, nous serait encore octroyée.

Je l'ai déjà dit plus haut ; je l'observais le 23 avril, émettant une opinion sur la Charte qui nous était annoncée ; je l'écrivais même l'année dernière en décembre 1814. (1)

---

(1) Considérations critiques et politiques sur M. de Chateaubriand, M. Félix de Beaujour, etc. écrites en décembre 1814, arrêtées par la censure, publiées en mai 1815. A Paris, chez Delaunay.

» Les mains qui auront tracé notre Charte, doivent dès-lors cesser de tenir les rênes de l'état, pour les individus rentrer dans la classe de simples citoyens. »

Ou nous aurons fait un ouvrage éphémère, basé sur des considérations particulières, qui (comme le dit, page 52, M. de Chateaubriand que j'ai combattu,

s'évanouirait au premier soufle des vents.

La chambre des Députés, la chambre des Pairs et Bonaparte par ses agens, délibérant sur la Charte constitutive statueront donc sur eux-mêmes.

(Ce serait l'assemblée des trois ordres avant la révolution.)

Les institutions du peuple ne seront donc pas créées par lui, mais elles se seront créées par elles-mêmes. Chacun aura donc prononcé sur soi, ou bien Bonaparte aura prononcé sur la chambre des Députés; celle-ci sur la chambre des Pairs; et la chambre des Pairs sur Bonaparte.

Quel mode bizâre et vicieux! Ou bien tous

se seront entendus. L'on se sera fait de mutuelles concessions et tous y trouveront leur part, hors le peuple souverain.

Ainsi, ai-je dit ailleurs, attaquant les vices de la Constitution anglaise tant préconisée ;

La Constitution anglaise est monstrueuse parce que loin d'être l'effet entier des réflexions de la sagesse et du génie, disposant à la fois de tous les moyens de l'état, elle n'a été qu'un attermoyement entre les parties, le prix des concessions mutuelles, un méchant amalgame de nouveau et d'ancien, où tous les meneurs trouvaient leur compte tellement (a dit M. de Chateaubriand, pour la vanter) que lorsqu'elle fut dressée elle répugnait à la raison des anglais.

Aussi a-t-elle produit des résultats faux et gigantesques ; la nation se trouve entraînée dans des mesures hors de toute proportion. Les romains pour conserver la paix intérieure, étaient forcés de porter sans cesse au-dehors la guerre et le carnage. L'Angleterre, pour donner le change à ses propres citoyens, est forcée continuellement de s'agiter pour boulverser l'Europe. Par sa Charte constitutive elle est sans règle de conduite; ses institutions sont sans boussole, puisqu'elle veut se substituer à toutes les nations, tandis que nos droits sont égaux et réciproques.

Une autorité constitutive ne peut se constituer elle-même, c'est le souverain seul, distinct, par une opération distincte, qui doit statuer sur sa Charte constitutive.

Autrement où serait la réserve de ses droits? Comment pourrait-il positivement, à sa volonté, et à époques fixes (afin de mettre de l'ordre dans ses affaires) comment, dis-je, pourrait-il revenir sur lui-même pour s'assurer si sa Charte est obéie; si nulle institution n'a dévié; si elle remplit son but; si elles lui conviennent encore; si nul changement ne doit être apporté; si la Charte est le complément de ses lumières.

Comment reviendra-t-elle sur ses institutions, si ce n'est pas elle-même qui les a créées? Quel mode sera *prescrit à la volonté souveraine* pour pouvoir ainsi s'exprimer, pour pouvoir ainsi embrasser d'un coup-d'œil réparateur toutes ses institutions créées, si ce n'est pas elle-même qui l'établit, tandis qu'elles doivent toutes lui rester subordonnées ?

Je me résume. Ces institutions ne peuvent se créer elles-mêmes, ne peuvent elles-mêmes distribuer leurs attributions, ne peuvent se déterminer leurs soldes.

Ou l'état loin d'être souverain sera asservi et nous aurons encore une Constitution où l'intérêt particulier sera tout, où il y aura honneurs, richesses, privilèges particuliers, qui croulera d'elle-même faute d'intérêt public, qui ne pourra subsister, que par l'attirail effrayant, malheureux et constant des bayonnettes, et après de nouveaux malheurs il nous faudra recommencer.

Tel n'est pas le vœu de la philosophie.

G. Franclieu.

Senlis (Oise) 17 juin 1815.

Note de la page 30.

(1) A ces idées, au mode que je vous propose, mes concitoyens, substituez-en, s'il se peut, un plus sage; mais à mes yeux celui-ci doit vous prouver l'absence de tout esprit de parti, pour ne tendre qu'à un bonheur public, particulier et commun.

Nous professons tous les idées les plus libérales; soyons-y fidels. Que rien n'y soit contradictoire, opposé. Pour obtenir une fin, embrassez-en les moyens. Soyons fidels au principe sacré d'indépendance, de liberté, de souveraineté publique. Vous avez détruit l'ancienne noblesse, en voulez-vous créer une nouvelle? Reviendrez-vous de ce principe sacré, tous les hommes sont égaux en droit devant et de par la loi? Qui dit tous n'en excepte aucun. La chose publique sera-t-elle la propriété d'une portion du territoire, le domaine d'une famille, d'un individu? L'ordre est-il possible sans des moyens vicieux? Que toutes nos institutions aient un seul principe, auquel vont aboutir tous les genres de satisfaction et de bonheur. Ce principe est la propriété. Que le gouvernement soit remis pour ainsi dire aux mains des propriétaires; je veux dire ès-mains de ceux, reconnus offrir en eux-mêmes une garantie suffisante de tous les droits que la société est appelée à maintenir, propriété non collossale, mais qui admet l'amour du travail, et toutes les vertus privées, propriété foncière, industrielle et commerciale. La garantie des propriétés n'est-elle pas le premier moyen de l'ordre ? N'est-elle pas essentielle surtout à l'homme moral, qui en est privé ? Seule elle lui offre toutes ressources.

Par le gouvernement simple, dont je viens d'esquisser les dispositions principales, il n'est pas de *contre-poids*, *de pouvoirs*, *de prétendue balance*, qui, les moyens donnés étant vicieux, ne peut jamais amener *d'équilibre* que par *la corruption*. Nous aurons un même intérêt le bien public. Le gouvernement devient la chose publique, il devient le mobile et le moteur du bien particulier, personnel et commun. Vous n'aurez point de systême opposant ; vaine marotte, qui fait croire au peuple qu'il est libre vis-à-vis de son gouvernement, tandis qu'à la tête de son opposition est toujours un chef qui doit devenir le chef de la faction opposée. Vous n'aurez qu'un même esprit et qui va produire au plus haut dégré *l'amour de la Patrie*.

Je le sais, de la part de tous ceux qui veulent des places avantageuses pour eux, n'importe à quel prix ; de la part de ceux qui en veulent de très lucratives, sans avoir rien à faire ; de très honorifiques sans rien risquer, et qui trouvent que cela seul peut bien constituer l'état, je serai regardé comme un être faux, très méprisable.

Mais j'adresse ma voix suppliante à la Patrie. Dans cette propriété que je veux prendre pour base et pour guide, je vois les plus grands moyens d'ordre et d'énergie ; le plus grand développement de nos forces. J'y vois le plus grand accord, la plus grande harmonie. Je vois chacun occupé et pour tous la vertu devenir nécessaire.

Nous ne sommes plus pour nos voisins un objet d'effroi, mais bien de confiance et d'amour.

J'ajouterai une considération : l'économie est une vertu nécessaire aux états comme aux particuliers, et l'état ne peut être absorbant sans dessécher tous les canaux de l'industrie.

Quelqu'un faisait l'énumération de tout ce qu'avait couté le roi Georges et sa famille à l'Angleterre depuis son avènement à la couronne advenu de nos jours,

Il s'ensuivait que ces sommes suffiraient pour défrayer le gouvernement d'amérique pendant des milliers d'années.

Nota. Des journaux en ce moment préconisent *la théorie de la Constitution* de la Grande-Bretagne, traduite de l'anglais, précédée d'un examen rapide des Constitutions depuis 1791 jusqu'en 1814, par M. Bertrand Barrère.

» Ce précis de la Constitution de la Grande-

» Bretagne (disent-ils) mérite d'être médité par » les publicistes et les hommes d'état, *comme* le » type des bonnes Constitutions et de la liberté » solidement organisée.

Je suis loin de partager cette opinion, ce jugement.

H. FRANCLIEU,

Auteur des Considérations critiques et politiques sur M. de Chateaubriand, ect. chez Delaunay libraire Palais-Royal, à Paris.

Mais, qu'ai-je fait ? J'ai essayé d'élever ma faible voix sur les intérêts de notre Patrie !

J'ai cédé aux transports de mon âme. Je crains d'avoir mal dit et cependant chacun des mots que j'ai avancés me parait vérité.

Les circonstances permettent-elles de les articuler, de les entendre ?

Les plus grands avantages militaires nous sont annoncés.

Doit-on surseoir à parler Constitution, où doit-on redouter les momens d'effervescence, qui suivraient la victoire, qui, ainsi qu'il fût fait pour l'acte additionnel, feraient emporter d'emblée, je dirais d'enthousiasme, à la bayonnette, une Charte, qui doit être le produit de la méditation et du silence !

Dans le premier cas je dirais :

Sur ce qui nous concerne ajournons nos débats.

S'il se peut, soyons reposés sur le Rhin.

Là, réclamant nos colonies (Saint-Domingue provisoirement abandonné à lui-même) déclarons la paix.

Rendons hommage à la valeur publique. Offrons à l'éternel l'hommage de nos transports reconnaissans.

Que la solde de l'armée soit accordée aux veuves, aux enfans en bas-âge, des Français que nous aurons à regretter, à pleurer.

Pour, au milieu de nous ensuite faisant tous le sacrifice d'intérêts personnels, qui seraient mal entendus,

Un seul corps être appelé, qui, entouré d'une garde départementale, rédige notre Charte constitutive, véritable complément de nos lumières, apportant le bonheur de la Patrie, seul garant du bonheur individuel.

Ou bien je dirai....

Que les membres de la Chambre des pairs, qui étaient nommés de la Chambre des députés, soient invités à y rentrer.

Qu'il n'y soit admis nul agent de l'autorité publique s'il n'y est appelé pour énoncer tous renseignemens ou rapports!

Que réunie seule, la Chambre se constitue assemblée constitutive, et dirige, ainsi qu'elle y avisera, la Charte qui nous doit régir.

La discussion de la Charte constitutive est indépendante de l'administration de l'état.

La Charte la détermine.

La Chambre des pairs (à mon avis) dont l'institution elle-même ne doit pas être admise, ne peut coopérer (je me répète) à la rédaction de notre Charte constitutive.

Ou bien restez toutes deux pour administrer, et appelez le Corps constitutif dont, plus haut, je demande la formation.

Que les lumières et la sagesse et non des circonstances toujours éphémères règlent enfin nos destinées !

FIN.

Les délais de l'imprimerie me permettent d'offrir une considération qui m'était échappée. Une brochure intitulée *constitution béniniénne ou républicaine* me le rappèle. Projet sage mais dont je n'adopte n'adopte pas les vues sur les manufactures intérieures, ni sur les douanes posées aux frontières, qu'il condamne, que j'approuve,

Celles sur la force armée se rapportent à-peu-près à ce que je propose. Il veut des armées de terre *concentrées* dans les départemens frontières.

L'intérieur ne serait occupé que par des gardes nationales.

Moi je demande que nos places fortes soient occupées par les seuls dépôts des corps de police, disséminés par brigades dans l'intérieur; et je ne veux *que la masse armée distribuée par classes*. C'est à-peu-près la même idée.

Mais je ne veux pas de corps d'armée; ils ne seraient propres qu'à inspirer de la défiance à nos voisins; je veux qu'ils puissent se reposer sur nous.

Pour ère, elle demande que l'année commence au printems. Avec toute raison l'on a dit, midi est le *medium*, le milieu du jour : il est nécessairement également distant de ses extrémités, de son commencement et de sa fin. Le *medium* de l'année est nécessairement le solstice d'été. Je demande que l'année commence le lendemain du solstice d'hiver, et que les équinoxes et solstices, moment de fêtes, soient précisés par le commencement de mois; ce n'est pas le commencement des saisons; ils en sont le *medium*.

Mais revenons à cette considération majeure que me rappèle l'énoncé de la République béninienne. L'auteur annonce que les principes qu'il expose, trouvent encore en grande partie leur application dans un plan de gouvernement monarchique qu'il propose en même-temps en un autre écrit.

La Constitution que l'auteur propose ici est donc un jeu, un travail de son esprit, un tour ingénieux qu'il assemble et qu'il décompose à volonté. Anisi, un monsieur me disait qu'il avait fait *six Constitutions*, regardant ce travail comme facile, sur mon observation, que le travail d'une seule occupait ma vie.

Les idées, mes concitoyens, qu'en ce faible écrit je vous expose, réfléchies autant qu'il peut être en moi, sont pour moi impératives; elles ne sont pas un échafaudage ingénieux. La première partie d'une Charte constitutive, me suis-je dit, sera l'exposé des principes de toutes nos lois politiques, civiles, &c.

Ces principes, ces bases sont fondamentales, inhérentes à notre organisation physique développée par notre intelligence. Il n'est pas en moi de vous proposer un gouvernement sous tel ou telle forme.

Cette forme sera la suite, l'application réelle des principes; elle en est la conséquence nécessaire, et l'adoption n'en est pas indifférente, elle est forcée.

Le gouvernement, ai-je dit, est d'autant plus parfait qu'il est la plus juste application des principes.

Pour construire il faut des bases.

Notre Constitution encore sera fausse, si rien n'est adopté qui leur soit opposé.

Imprimerie de Tremblay, à Senlis.

www.ingramcontent.com/pod-product-compliance
Ingram Content Group UK Ltd.
Pitfield, Milton Keynes, MK11 3LW, UK
UKHW021513260726
13993UKWH00004B/1647

9 782329 079660